Gemischter Chor

Movie Songs

für gemischten Chor (SATB) und Klavier
for Mixed Choir (SATB) and Piano

Herausgegeben und arrangiert von
Edited and arranged by
Clemens Schäfer

ED 22122
ISMN 979-0-001-20318-0
ISBN 978-3-7957-4481-6

www.schott-music.com

Mainz · London · Berlin · Madrid · New York · Paris · Prague · Tokyo · Toronto
© 2015 SCHOTT MUSIC GmbH & Co. KG, Mainz · Printed in Germany

Impressum:

Bestellnummer: ED 22122
ISMN 979-0-001-20318-0
ISBN 978-3-7957-4481-6

Produktmanagement: Cristian Maria Schempershofe Papen
Lektorat: Julia Gerber

Titelfotos:
Cinema Ticket: © ktsdesign – Fotolia.com
film reel vector set: © lgarts – Fotolia.com
Covergrafik: designwerk – Wolfram Söll, München

Vorwort

Wem fallen beim Hören von Shirley Basseys *Goldfinger* nicht sofort Szenen aus dem gleichnamigen *James Bond* Film ein? Was wäre *Wie im Himmel* ohne Gabriella, die ihr Leben neu in die Hand nimmt und plötzlich lauthals singt. Wer hat nicht sofort den Schulchor aus *Sister Act 2* vor Augen wenn es heißt: *Oh Happy Day*? Was wäre die Liebesgeschichte von Edward Lewis und Vivan Ward aus *Pretty Woman* ohne *It must have been love*?

Filme leben von Ihrem Soundtrack, mit der Musik steht und fällt das Gefühlsbarometer, denn...

Ein Film ohne Musik ist wie Zärtlichkeit ohne Kuss!

Erzeugen Sie durch das Singen der Arrangements vor dem inneren Auge des Publikums das „Kopfkino" mit den dazugehörigen Bildern und Emotionen.

In diesem Sinne: Film ab!

Clemens Schäfer

Inhalt

Goldfinger

Text: Leslie Bricusse & Anthony Newley
Musik: John Barry
Arr.: Clemens Schäfer

56 705

6

Fingerschnippsen

56 705

Happy

Musik + Text: Pharrell Williams
Arr.: Clemens Schäfer

Das Solo kann von einer kleinen Gruppe Sängerinnen, solistisch oder von einer
(sehr) hohen Männerstimme gesungen werden.

ᵥ Breath Accent: der Ton wird durch einen erneuten Zwerchfellimpuls, aber ohne Glottisschlag
  noch einmal angestoßen.

der Ton wird durch kurzes Entspannen des Zwerchfells von unten angeschleift.

23

_ you feel like hap-pi-ness is the truth.

be-cause I'm

be-cause I'm

be-cause I'm

doo dot ba doo ba da dn doob ba doo ba da dn doo dot ba doo doo

26

Clap a - long__ if __ you know what hap-pi-ness is to you.

hap-py,

hap-py,

hap-py,

doob ba da dot doo dn doo dot ba doo ba da dn doob ba doo ba da dn

14

56 705

Optional: In den Takten 50 – 65 klopft der Bass bei „doo" und „dn" auf die Brust. Bei „ba" klopft der
Handrücken auf die Handinnenfläche der anderen Hand, welche vor der Brust gehalten wird.

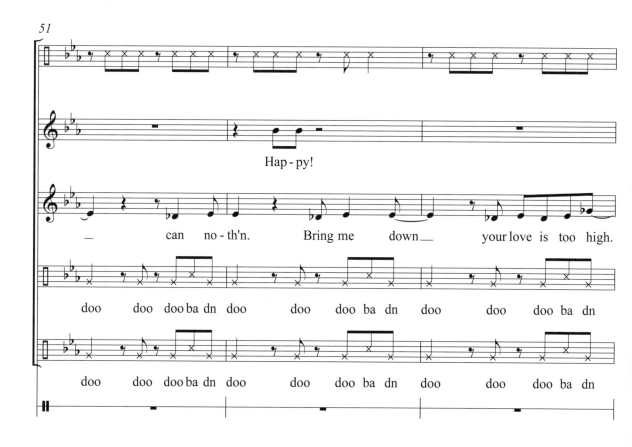

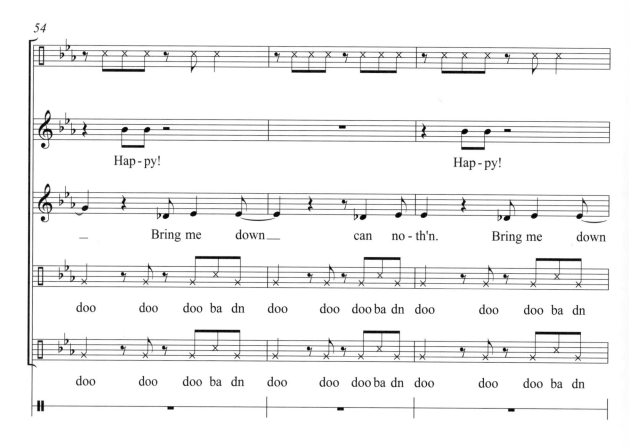

57

60

Oh happy Day

Arr.: Clemens Schäfer

56 705

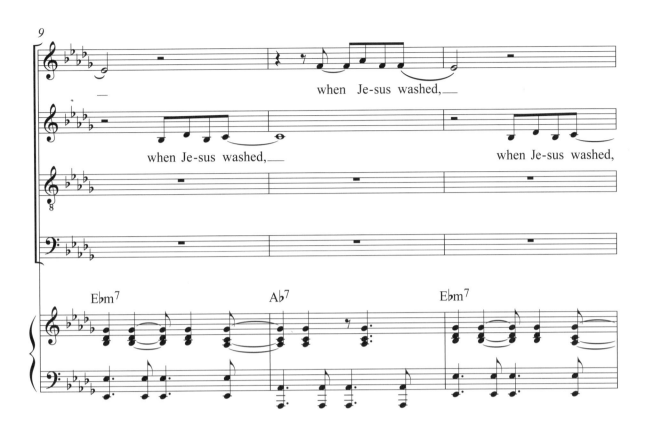

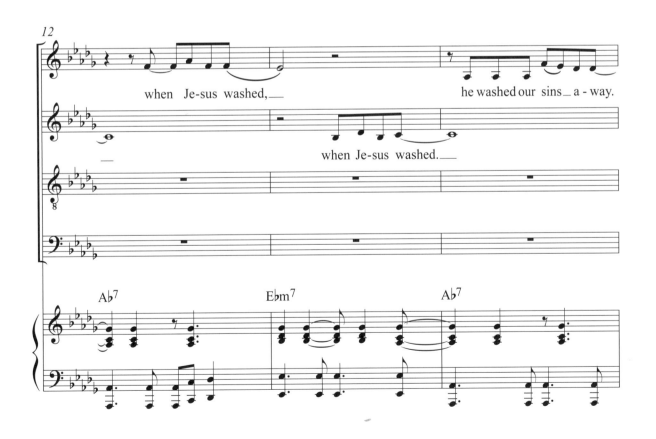

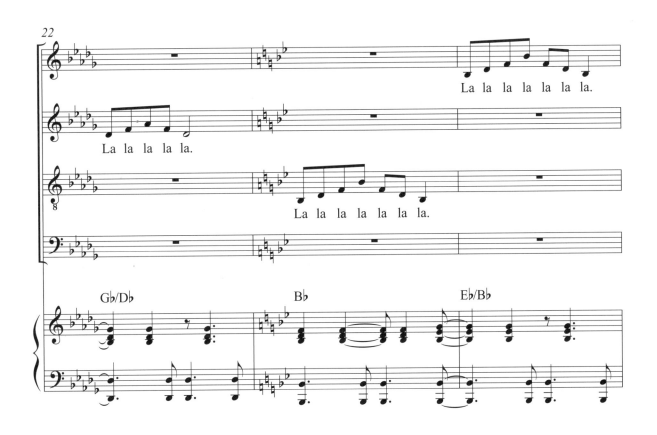

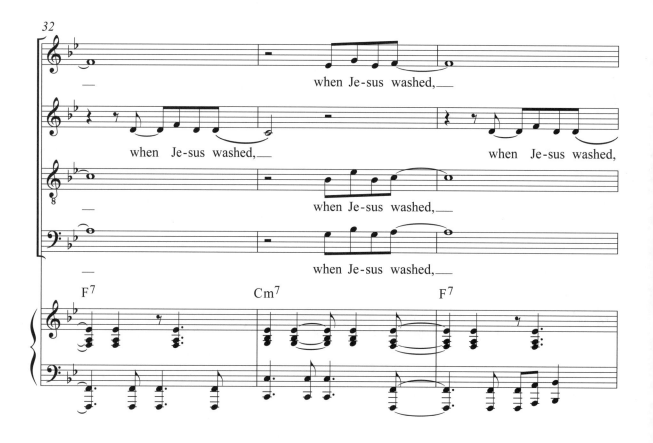

Gabriellas Sång

Original und englischer Text: Py Bäckman
Deutscher Text: Franz Nono Schreiner /
Andreas Schenck
Musik: Stefan Nilsson
Arr.: Clemens Schäfer

56 705

It must have been Love

Musik und Text: Per Gessle
Arr.: Clemens Schäfer

56 705

*) Die Silben „hen-den" werden leicht und mit kurzem Vokal gesungen.

66

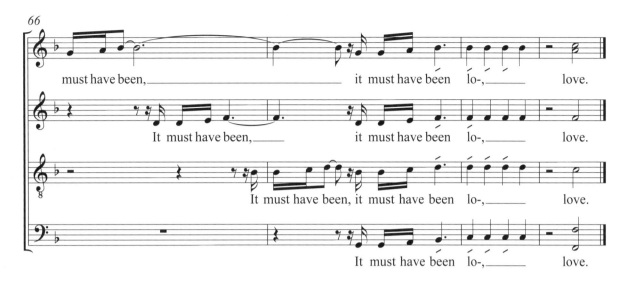

must have been,_____ it must have been lo-,_____ love.

It must have been,_____ it must have been lo-,_____ love.

It must have been, it must have been lo-,_____ love.

It must have been lo-,_____ love.

Air

aus Orchestersuite Nr.3, BWV 1068

Johann Sebastian Bach (1685 – 1750)
Arr.: Clemens Schäfer

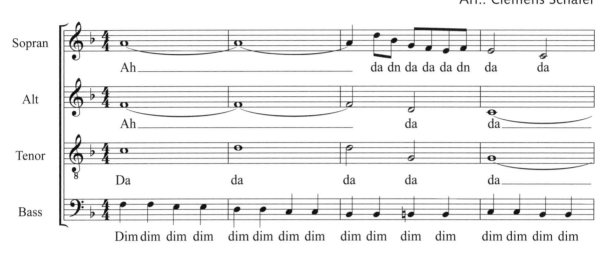

56 705

Schott Music, Mainz 56 705